AF248125

LA
QUESTION DES ÎLES CHAUSEY
AU XVIIIE SIÈCLE

PAR

M. FÉLIX MOURLOT

PROFESSEUR D'HISTOIRE AU LYCÉE DE CAEN

(*Extrait du Bulletin de géographie historique et descriptive* N° 1. — 1898)

PARIS

IMPRIMERIE NATIONALE

M DCCC XCIX

LA

QUESTION DES ÎLES CHAUSEY

AU XVIIIème SIÈCLE.

I. — GÉOGRAPHIE.

A peu de distance de la presqu'île du Cotentin et de la presqu'île armoricaine, à 14 kilomètres au nord du Grouin de Cancale, à 30 kilomètres au sud de Jersey, à moins de 10 kilomètres à l'ouest de Granville, un plateau sous-marin faiblement immergé supporte une grande quantité d'écueils et d'îlots dont la plupart sont recouverts par la haute mer. De la pointe du Lihou qui protège Granville, on les voit émerger au loin des flots, barrant l'horizon d'un rideau de rocs hérissés, à l'aspect fantastique. C'est l'archipel français des îles Chausey.

Cette « poussière d'îles » est le résultat de nombreux cataclysmes qui, à l'époque historique, eurent pour théâtre la partie septentrionale du golfe actuel de Saint-Malo. Les efforts redoublés d'une mer souvent violente dans ces parages auraient, si l'on en croit la tradition, détaché du continent une vaste région boisée, le « Scisciacum nemus » dont parlent les *Vies de Saints*, et formé une grande île unique que les documents du moyen âge appellent déjà Chausey. Une charte de l'année 1022, signée par le duc de Normandie Richard II, père de Robert le Diable, accordait aux religieux du mont Saint-Michel comme dépendance de la baronnie de Saint-Pair, une île mentionnée sous le nom de « Calsoi ». Ce serait donc après cette date que des catastrophes analogues à celles qui frangèrent d'écueils les côtes d'Armorique et d'Écosse auraient brisé l'île primitive en une infinité de fragments. Cette action destructrice des eaux sépara de la terre principale plus de trois cents rochers, disséminés sur une longueur de 12 kilomètres de l'est à l'ouest, de 8 kilomètres du nord au sud, dont beaucoup n'offrent d'ailleurs que quelques pieds carrés de surface, et disparaissent sous les hautes marées.

Cinquante-trois restent toujours au-dessus du niveau marin. Comme les grands dictionnaires géographiques de Joanne et de Vivien de Saint-Martin ne mentionnent que les trois ou quatre principales îles, nous avons cru intéressant d'en reproduire la nomenclature complète, d'après l'acte de concession de cet archipel que Louis XV accorda à l'abbé Nolin le 28 juillet 1772 [1]. Ce sont : la Grande Ile, la Génétaie, la Houllée, le Vieux, le Hourton, les Deux Chapeaux, la Masure, la Meule, l'Ile aux Oiseaux, l'Enseigne, la Petite Enseigne, le Canon, Plate-Ile, les Deux Homards, les Carniquets, l'Ile aux Guernésiens, la Mauvaise, les Trois Huguenans, la Roche Hamon, la Chapelle, la Conchée, le Grand Cheval, la Jaune, Longue-Ile, Fortune, Ancre, Petite Ancre, la Vache, les Trois Islets, Guibeaufossé, le Beauchée, le Colombier, le petit Colombier, le Colombier foureux, l'Ile Mar, le Pincret, les Deux Prisées, la Grande Fourche, la Petite Fourche, la Launière, le Grand Épail, le Petit Épail, Richeroche, la Corbière, la Petite Corbière et le Hérisset.

Tous ces rocs sont loin d'avoir la même étendue et de présenter le même aspect. La plupart apparaissent l'été comme d'étroites pelouses de gazon, où nul mouton ne vient paître, où rarement un pêcheur débarque : seuls, les cormorans, les barges ou bécasses de mer, les mouettes et les goëlands les fréquentent. A leurs pieds, des prairies flottantes de varech, recouvrant des écueils immergés, semblent à marée basse prolonger la terre ferme.

Un chenal assez large et assez profond pour que l'escadre de la Manche puisse s'y frayer passage, coupe en deux parties le plateau des Chausey. C'est la passe de la Conchée. Exception faite des Huguenans, les îles les plus importantes se trouvent toutes à l'ouest de ce passage : telles l'île aux Oiseaux, la Meule, l'île Longue, l'île d'Ancre ou d'Anneret « belle prairie toute fleurie de scilles et de marguerites, entourée de rocs que recouvre une inextricable végétation de lierre, de prunelliers, de ronces, de troënes, de fragons

---

[1] Archives départementales du Calvados, C, 1743.

aux baies rouges, de chèvrefeuilles et de fougères [1]. La plus grande de toutes s'appelait Chausey et donna son nom à l'archipel : on la nomme plus communément la Grande Île.

La Grande Île a une longueur de 2 kilomètres environ, du nord-ouest au sud-est et une largeur très variable, par suite des sinuosités du littoral et des anses assez profondes que la mer y a creusées : sa plus grande largeur est d'un quart de lieue. Elle est séparée de l'Île Longue, du Grand Colombier et des autres îlots qui la bordent au nord par une étroite passe appelée le « Sound », qu'on a « piquetée de balises formant au loin une perspective fuyante », et dans laquelle les bâtiments doivent s'avancer avec précaution. C'est la principale voie d'accès à l'île.

Chausey a été fréquemment visitée, — dans un but intéressé, par des agents du fisc désireux d'y établir une station douanière ou des agriculteurs qui voulaient l'exploiter; — dans un but scientifique, par des naturalistes avides de connaître la faune originale de ces îles; — ou simplement par des touristes en quête d'impressions de voyage. A la première catégorie de ces explorateurs appartiennent le fermier général Dupleix et l'abbé Nolin qui parcoururent l'île au XVIIIe siècle et qui laissèrent de leur visite deux mémoires circonstanciés que nous analyserons plus loin. M. de Quatrefages est le plus illustre des naturalistes que leurs recherches scientifiques conduisirent à Chausey : il publia dans la *Revue des Deux Mondes*, en 1842, un pittoresque compte rendu de son séjour assez prolongé dans la Grande Île [2]. Enfin, il y a quelques années, le chroniqueur militaire du *Temps*, M. Ardouin Dumazet, à qui nous devrons bientôt une enquête sincère et complète sur l'état géographique et économique de notre pays, n'a pas oublié Chausey en faisant son tour de France. Il y a passé quelques jours, et dans la 5e série de sa précieuse relation, il a consacré à cet archipel plusieurs pages d'une très attachante lecture [3].

A l'aide des renseignements fournis par ces divers auteurs, et de ceux que nous ont récemment donnés MM. Guillot et Lemoine, maires de Blainville et d'Agon, à l'obligeance desquels nous rendons volontiers hommage, nous pouvons essayer de retracer la physionomie et d'indiquer l'importance actuelle des îles Chausey.

[1] A. Dumazet, *Voyage en France*, 5e série, p. 362.
[2] Numéro du 1er mai 1842.
[3] *Voyage en France*, 5e série, p. 350-366.

Entrons avec M. Ardouin Dumazet dans la Grande Île : « Elle est si bizarre avec sa chapelle juchée sur un rocher, ses maisons basses placées sur le sol, sans jardinet, sans verdure, sans rien qui rappelle la vie ordinaire à la campagne. Pas un poulet, pas un pigeon, pas même le chou familier croissant à l'abri du vent. Sur les pelouses montueuses, au milieu desquelles le granit surgit en grandes masses, une herbe courte, où fleurissent de petites scilles. Les parties les plus sauvages ont des ronces, des fougères, des touffes de tanaisie.... Entre les rochers un sentier s'achemine jusqu'à une petite baie bordée de maisons et de cahutes. Les maisons sont bien construites, l'une d'elles a des allures de villa; les autres sont la cantine et une auberge. Les cahutes sont posées sur les rochers, parfois entre deux blocs, misérables demeures faites de grosses pierres et de boue, de débris de navires et de mottes de gazon, recouvertes de pierres plates, le tout déjeté et sordide. A l'intérieur, ayant à peine deux ou trois mètres carrés, des coffres remplis de foin et de varech servent de couche, un foyer entre deux pierres dont la fumée monte par un trou dans la toiture, quelques instruments de cuisine pour faire la soupe au poisson, et c'est tout. Il y a comme cela une quinzaine de tanières[1]. »

Au centre de l'île, près d'une fontaine d'eau douce, où mène un chemin ombragé de trembles, l'on trouve une ferme qui procure aux habitants de Chausey du laitage et des légumes; — autour d'elle, un grand jardin, d'une merveilleuse richesse de végétation. D'énormes figuiers, que l'abbé Nolin y trouva déjà au xviiie siècle, et dont il a fallu étayer les branches; — des myrtes géants dans une allée, des oliviers dans une autre; — des arbres fruitiers, pommiers et poiriers, chargés à rompre sous le poids; — des massifs de fleurs éblouissantes; un climat propice à l'agriculture et aussi à l'élevage; des chevaux et des vaches paissant dans une vaste prairie.

A côté de ces ressources agricoles, d'autres également enviables. Des carrières d'un granit inépuisable, aux couleurs variées, mais surtout d'un granit bleu pâle, où il y a un siècle, plus de deux cents ouvriers tiraient constamment de la pierre pour les travaux du roi à Granville et à Cherbourg. D'après la tradition, c'est avec la pierre de Chausey que fut bâtie l'abbaye du mont Saint-Michel;

[1] A. Dumazet, ouvrage cité, p. 351.

ce fut sûrement elle qu'on employa à construire la digue de Cherbourg, et c'est le granit de ces îles qui a fourni à Paris les pavés durs et résistants qu'on y foule. Joignons enfin à ces produits de l'industrie extractive la récolte du varech abondant dans ces parages qui donne un engrais excellent, et peut être utilisé dans la fabrication de la soude; — et les profits rémunérateurs d'une pêche toujours fructueuse.

Malgré tant d'avantages apparents, les Chausey sont trop peu peuplées. Seule la Grande Île est aujourd'hui habitée par une population qui ne dépasse guère la cinquantaine. Les gardiens du phare et du sémaphore avec leurs familles, quelques pêcheurs et les habitants de la ferme constituent la population fixe de l'archipel. Temporairement, 25 pêcheurs y séjournent de février à novembre par périodes de quinze jours : ils y viennent pêcher les homards, les crevettes-bouquets et les congres. Ils viennent tous de Blainville, et reportent les produits de leur pêche sur le continent, où ils les écoulent sur les marchés de Coutances, de Périers et de Saint-Lô. Si d'autres pêcheurs, Granvillais, Cancalais ou Malouins fréquentent l'archipel des Chausey, ils n'y séjournent jamais.

Quoique peu nombreux, les habitants sédentaires de la Grande Île ont leur église paroissiale et leur maison d'école. Le curé desservant (M. Delauney) est en même temps instituteur d'une douzaine d'enfants. Eglise, école et presbytère sont bâtis à l'ombre d'un fort créé en 1866 et déjà déclassé. Pour le construire, l'État avait alors acheté 14 hectares 40 ares de terrain qui sont restés domaine public. Tout le reste de l'archipel est actuellement propriété privée, appartenant à la famille Hédouin. C'est à la fin du xviiie siècle, qu'après d'infructueuses tentatives d'exploitation, le roi Louis XV en concéda la possession à un particulier. Depuis, un « lord des îles » régit les Chausey; c'est même l'organisation de la propriété privée qui en empêche aujourd'hui le développement économique. Le propriétaire s'en est réservé l'exploitation. Il loue 10 francs par mois les maisons qui servent d'habitation à la population sédentaire, et 10 francs par an aux pêcheurs Blainvillais l'emplacement de leurs cabanes; mais il ne loue pas la moindre parcelle de terrain pour le jardinage. Bien plus, défense aux locataires d'avoir une basse-cour, d'élever poules, pigeons ou lapins. Il y a une cantine banale, où le régisseur, qui cultive toute la terre labourable au profit de la famille Hédouin, vend les produits de sa ferme. Dans ces conditions, on comprend que l'île manque de confort et que Joanne et Baedeker recommandent au touriste de se munir de provisions au départ de Granville s'il veut dîner copieusement à Chausey.

Par suite des mêmes exigences, l'exploitation des carrières de granit de l'île, autrefois très active, a cessé. Les granits qu'on emploie en quantité à la digue de Cherbourg ne proviennent plus des Chausey, mais de l'île Grande, sur la côte bretonne, voisine de Lannion : c'est là que les carriers normands, les gens de Diélette, de Flamanville et du Cotentin, désertant les chantiers qui leur étaient fermés, ont été élire domicile.

Enfin, d'autres raisons économiques plus générales ont diminué le nombre des « barilleurs » qui fréquentaient les Chausey pour y récolter le goémon ou varech. Cette plante marine incinérée servait à faire des pains de soude, expédiés aux usines qui fabriquent l'iode. Mais une trop active concurrence de l'Écosse, de la Norvège, de l'Allemagne et surtout du Chili qui importe en Europe ses soudes minérales, abaissant dans des proportions considérables le prix des produits tirés du varech, a découragé les entreprises. Aucun industriel n'exploite aujourd'hui le goémon des Chausey pour en faire de la soude. Mais comme ces algues non incinérées donnent au sol une assez grande quantité d'humus et de potasse, un négociant de Granville (M. Dior) en enlève une partie chaque année, moyennant 2 francs par tonne, et en use pour la fabrication de ses engrais.

Telles sont les ressources actuelles de cet archipel auquel son heureuse situation, la douceur de son climat, l'abondance et la variété de ses productions semblaient promettre plus de prospérité et de richesse. Au siècle dernier, on augurait mieux de l'avenir des Chausey. Un rapide exposé de leur histoire montrera qu'elles parurent dignes alors de fixer longtemps l'attention du gouvernement français et qu'elles furent l'objet continuel des convoitises des Anglais désireux de les annexer à leurs îles de la Manche. Au moment où l'Angleterre revendique la propriété des Minquiers, des Ecrehou et des Dirouilles, il nous a paru intéressant de rappeler les tentatives jadis faites par elle sur les Chausey pendant nos guerres maritimes du XVIIIe siècle, où elle s'en empara à plusieurs reprises, sans pouvoir toutefois en conserver la possession.

II. — HISTOIRE.

On sait fort peu de chose sur l'histoire des îles Chausey avant le xviiie siècle. Le premier document qui les concerne est une charte de 1022, par laquelle Richard II duc de Normandie cède l'île de « Calsoi » à l'abbaye du mont Saint-Michel [1]. Cette île devait être déserte. Vers cette époque, un moine plus tard célèbre, qui devait fonder l'abbaye de Tiron dans le Perche, le Bienheureux Bernard d'Abbeville, s'y retira et y bâtit un prieuré et une chapelle sous l'invocation de Notre-Dame. On l'appela le solitaire de Chausey. Des moines bénédictins habitèrent l'île jusqu'en 1343, année où le roi Philippe VI de Valois donna le prieuré aux cordeliers : ceux-ci toutefois déclarèrent tenir leur possession de l'abbaye du mont Saint-Michel, dont Chausey demeura un bénéfice [2]. Le couvent fut détruit au xvie siècle. Les opinions divergent sur les causes de sa destruction. Selon les uns, elle serait l'œuvre des soldats du roi d'Angleterre Henri VIII; selon d'autres, des protestants français de Normandie, les Montgomery, les Briqueville de Colombières, qui relâchaient souvent aux Chausey [3], et qui se signalèrent par leur fanatisme et leurs cruautés dans les guerres de religion. Tout ce qu'on peut affirmer, c'est qu'en 1532, le prieuré existait encore. Après sa démolition, les cordeliers se retirèrent à Granville où deux généreuses dames les établirent dans une maison des champs [4].

La Grande Île de Chausey devint ensuite un poste militaire : les bâtiments claustraux furent transformés en forteresse et abritèrent une garnison que nous voyons mentionnée pour l'année 1597-1598 [5].

[1] Je laisse de côté les conjectures hasardées sur le monastère de Scissy et son emplacement à Chausey. Voir à ce sujet : Vicomte de la Poliche, *La baie du mont Saint-Michel et ses approches*, 1891, et son analyse détaillée de toutes les hypothèses basées sur la vie de saint Pair.

[2] Une reconnaissance de 1532, vue en 1647 par Thomas le Roy qui la cite dans ses « Curieuses Recherches du mont Saint-Michel » nous prouve que Chausey était domaine de cette abbaye. Voir *Mém. des Antiquaires de Normandie*, t. XXIX, p. 542.

[3] C'est l'étymologie qu'on donne des trois Huguenans, îlots qui entourent la Grande île.

[4] Voir Le Hericher, *Histoire de l'Avranchin*, t. I, p. 583, note 1.

[5] Archives départementales du Calvados, C. 2393. On y mentionne la dépense de 1029 écus pour cet objet.

Dès le commencement du xviie siècle l'archipel de Chausey forma avec Granville un gouvernement appartenant à la famille de Matignon. Le gouverneur ne résida jamais dans l'île, mais il y entretint un fermier qui occupait les bâtiments du prieuré et louait pour 600 livres l'exploitation de l'île. L'usage était aussi d'y entretenir un chapelain qui desservait la messe pour les pêcheurs ou les courriers de passage dans l'archipel. Il n'y est plus question alors ni de forteresse ni de garnison : aussi, en 1690, Chausey ne put-il servir d'abri aux vaisseaux de l'escadre de Tourville qui, au lendemain de la journée navale de la Hogue, se retiraient par le raz Blanchard et qui durent faire voile sur Saint-Malo.

Ce fut au xviiie siècle que le gouvernement français eut l'at'ention attirée sur les Chausey, et que l'initiative privée essaya de s'y donner carrière. Cette sollicitude en faveur de ces îles se produisit en diverses circonstances et pour plusieurs causes. On peut ramener à trois les motifs qui décidèrent ces interventions successives : un intérêt fiscal, un intérêt stratégique, un intérêt économique. Les fermiers généraux voulurent user de l'heureux emplacement de Chausey pour empêcher la contrebande active qui se faisait entre les îles anglo-normandes et les côtes de Basse-Normandie et de Bretagne ; — les ministres songèrent à fortifier la Grande Île pour y surveiller les corsaires ennemis et déjouer les tentatives de débarquement de l'Angleterre ; — enfin, un essai de colonisation agricole y fut tenté par un des membres les plus éclairés et les plus actifs de la Société d'agriculture de Paris, qu'une mort prématurée empêcha de mener son œuvre à bien.

Ces actes d'intervention eurent du moins un résultat heureux : celui d'affirmer hautement dès le xviiie siècle les prétentions légitimes de la France sur les îles Chausey. Il y eut comme une prise de possession officielle de cet archipel par le roi Louis XV, malgré les convoitises et les menées ténébreuses des Anglais intéressés à nous en disputer la jouissance. A une époque où nous perdions notre empire colonial de l'Amérique et de l'Inde, ce petit groupe d'îles et d'îlots, que les traités ne mentionnaient même pas, entra effectivement dans le patrimoine français. Minuscule acquisition pour compenser de si grandes pertes ! C'était toutefois un succès que de ne pas les avoir abandonnés à l'ennemi. Granville et Saint-Malo restaient couverts, et Jersey était surveillée. Bien plus, au xviiie siècle même, pendant la guerre de l'indépendance américaine, Chausey allait être le point de départ d'une expédition qui tenta de rendre cette grande île anglaise à la France, et qui faillit réussir. Les volumineuses liasses que les Archives départementales du Calvados renferment sur ces divers objets nous permettent de suivre avec assez de détail l'histoire des îles Chausey depuis l'année 1736 jusqu'à la Révolution française, et de montrer par quelle série de circonstances elles sortirent de l'espèce de neutralité équivoque et dangereuse où elles étaient depuis longtemps restées pour devenir, d'une façon avouée, domaine de la France [1].

L'archipel des îles Chausey pouvait, au XVIIIe siècle, être un nid de contrebandiers ou une solide station douanière. Avant 1736, il était un asile permanent de la fraude. Dans une situation équivoque, à portée des îles anglaises d'Aurigny, de Guernesey et surtout de Jersey, à portée aussi du littoral du Cotentin et de Bretagne, n'étant soumis à aucune surveillance rigoureuse, il se prêtait très facilement au commerce de contrebande. De tout le faux sel, de tout le faux tabac, de toutes les étoffes anglaises qui inondaient la Normandie et la Bretagne, les cinq sixièmes venaient des îles anglo-normandes. Jersey surtout, la plus habitée et la plus commerçante, entretenait, malgré les édits et les châtiments sévères infligés aux délinquants, un trafic illégitime continuel avec la France. Elle était remplie de réfugiés français, faux-sauniers et contrebandiers de toute espèce qui avaient échappé par la fuite aux galères, et qui n'en conservaient pas moins des relations avec leur pays d'origine. Des complices veillaient sur les côtes françaises; par des signaux convenus, ils avertissaient les chaloupes chargées de contrebande de l'opportunité ou du danger d'un débarquement. La nuit, un nombre déterminé de feux allumés, éteints et rallumés une certaine quantité de fois sur des hauteurs désignées à l'avance; le jour, des colonnes de fumée ou des perches garnies d'étoffes de couleurs variées indiquaient aux fraudeurs la présence ou l'absence des commis de la ferme. Quand les signaux n'étaient pas favorables, les barques sorties de Jersey avaient la ressource de relâcher à Chausey et d'y attendre en sécurité le moment propice pour aborder. La patache de Granville, forte de six hommes seulement, n'osait aller les y trou-

[1] Voir aux Archives départementales du Calvados, C. 1736-1746; — C. 1935-1949. Ajoutez-y Hippeau, *Le gouvernement de Normandie au XVIIIe siècle. Documents*, t. II, p. 297-374.

ver: et d'ailleurs, même en cette circonstance, ils pouvaient compter sur l'appui des habitants de Jersey, tireurs de pierre ou cueilleurs de varech, qui, malgré les règlements français hostiles à la sortie de ces matières, ne se faisaient pas faute d'exploiter les ressources de l'archipel. Les Chausey étaient sans défense; leur propriétaire, le duc de Valentinois, laissait carte blanche à son fermier, et celui-ci, qui vivait des gens de Jersey, qui leur affermait les carrières de granit et les prairies de goémon, qui leur vendait cidre, vivres et denrées pendant leur séjour dans ces parages, avait intérêt à les ménager. Le plus sûr de ses bénéfices était même la contrebande. Habitant la Grande Île avec une servante originaire de Jersey, il recevait les ballots apportés par les chaloupes qui retournaient chargées de varech aux Îles anglaises, et il les liquidait peu à peu par l'intermédiaire des bateaux soi-disant pêcheurs qui allaient et venaient de Chausey à la côte française. Il y avait donc aux portes mêmes de la France un entrepôt où la fraude se pratiquait journellement sur une grande échelle [1].

Les commis des fermes générales s'en plaignirent, et le Conseil d'État leur donna satisfaction. Par arrêt du 8 mai 1736, il ordonna l'achat d'un terrain au nom du roi dans la Grande Île et la construction d'un corps de garde. Le contrôleur général Orry chargea un fermier général d'aller inspecter les lieux pour émettre son avis sur le meilleur emplacement à choisir et le genre de bâtiment à construire. Ce fut Dupleix, le père du futur conquérant de l'Inde, qui s'acquitta de ce soin. Il rédigea un mémoire assez détaillé, où après avoir montré quel avantage l'archipel offrait aux fraudeurs, il indiquait le moyen d'en profiter contre eux. Il demanda la construction sur les ruines de l'ancien fort, d'un corps de garde apte à contenir 15 hommes, célibataires, jeunes, vigoureux et bons marins; il proposa d'attacher à la Grande Île une patache et un canot et d'élever une haute tour pour guetter les contrebandiers à la sortie de Jersey. Il répondait ainsi de mettre à couvert toute la côte française de Granville au cap Fréhel.

On tint compte de ses observations, et après avoir fait renouveler par deux arrêts du Conseil l'interdiction d'exporter granit et varech des Chausey sans son expresse autorisation, Louis XV acheta

---

[1] D'après le mémoire de Dupleix. Archives départementales du Calvados, C. 1737.

au duc de Valentinois, pour 746 livres, l'emplacement nécessaire à la construction d'un corps de garde fortifié. Le ministre Maurepas chargea un ingénieur de la marine, Meynier, de l'édifier (décembre 1736)[1].

Le duc de Valentinois, qui avait d'abord voulu céder gratuitement le terrain au roi, pour avoir droit en retour à certains privilèges, éleva des prétentions exorbitantes, se plaignant des torts causés à sa ferme par les deux arrêts du Conseil des 4 septembre et 9 octobre 1736, et demanda comme indemnité le Roc de Granville que, disait-il, Henri IV avait, en 1608, promis à un de ses ancêtres, de la maison de Matignon. Louis XV, qui semble avoir eu alors des vues particulières sur Chausey, le fit débouter de ses prétentions par arrêt du Conseil du 5 novembre 1737, qui lui réservait la propriété de l'archipel.

L'ingénieur Meynier s'était mis à l'œuvre dès le mois de décembre 1736. Il commença par dresser de la Grande Île et de ses environs une carte que nous joignons à notre mémoire parce qu'elle est inédite; elle offre d'ailleurs d'autant plus d'intérêt que Cassini de Thury, dans sa carte de France, a oublié les Chausey. La construction du corps de garde dura assez longtemps. Meynier rencontra certaines difficultés pendant son séjour à l'île; il se heurta souvent à la malveillance non déguisée des Anglais de Jersey, qui se sentaient menacés dans leurs profits illégitimes par la création d'un poste fortifié chargé de les surveiller et qui vinrent à plusieurs reprises causer du désordre parmi les ouvriers. En septembre 1738, le bâtiment était achevé. C'était une véritable caserne, aux vastes proportions, si nous en croyons le témoignage de l'abbé Nolin, qui en vit les ruines en 1763. «Il était d'une grandeur ridicule, écrit-il, et pouvait loger 200 hommes. D'ailleurs il a coûté 90,000 livres[2].» Il ne logea cependant qu'une quinzaine d'hommes sous le commandement d'un capitaine de patache; ce poste fut occupé par eux jusqu'à l'année 1744, date à laquelle la France déclara la guerre à l'Angleterre.

Après une longue période de relations sinon amicales, au moins pacifiques avec l'Angleterre, qui dura de 1712 à 1743, allait commencer entre elle et la France un long et acharné duel, plusieurs

[1] Archives départementales du Calvados, C. 1737.
[2] Archives départementales du Calvados, C. 1741.

fois interrompu par des trêves (paix d'Aix-la-Chapelle, 1748; paix de Paris, 1763) et dans lequel l'avantage devait rester à notre ennemie. Pendant cette période d'hostilités, la France tenta plusieurs fois un débarquement en Angleterre [1] et conçut le projet de reconquérir les îles anglo-normandes [2]. De son côté, l'Angleterre bombarda nos ports, fit des razzias sur nos côtes, et opéra plusieurs débarquements d'ailleurs infructueux en Normandie et en Bretagne. Chausey ne pouvait rester étrangère aux hostilités; elle eut à souffrir surtout des attaques des corsaires de Jersey qui profitèrent de la guerre pour ruiner à plusieurs reprises les établissements de la ferme générale dans la Grande Île.

En 1744, celle-ci avait rappelé ses employés. Les Anglais débarquèrent à Chausey et y détruisirent le bâtiment qu'avait construit Meynier. Ils emportèrent la charpente, la menuiserie et quantité de pierres de taille : ils firent sauter le reste à la mine et n'en laissèrent que les substructions. Toutefois ils ne s'y établirent pas, et au lendemain de la paix d'Aix-la-Chapelle, les commis de la ferme rentrèrent à Chausey : l'équipage de la patache avait été réduit à six hommes. En prévision d'une attaque future, on songea à fortifier la Grande Île, mais un peu tard. Le fort qu'on avait commencé à construire n'était pas achevé quand la guerre éclata à nouveau, en 1756. On y avait placé en garnison un détachement de 50 hommes commandé par le capitaine Dayrac, du régiment de Royal-Vaisseau.

Le 13 juillet 1756, quatre vaisseaux anglais sous le commandement du capitaine Howe (qui fut plus tard amiral et livra à Villaret-Joyeuse la bataille du 13 prairial an II, célèbre par l'épisode du *Vengeur*) parurent entre Blainville et Chausey et forcèrent le petit détachement français à capituler. Ils détruisirent à nouveau les bâtiments qu'on avait relevés depuis l'incendie de 1744 et s'éloignèrent sans songer à occuper la Grande Île. L'abbé Nolin raconte que cette expédition avait été préparée et payée par les habi-

---

[1] Notamment en 1779. Voir les documents touchant ce projet dans Hippeau, *Le Gouvernement de Normandie aux XVIIe et XVIIIe siècles*, t. I et II.

[2] Voir aux Archives départementales du Calvados, C. 2459 et 2460 deux mémoires très circonstanciés sur un projet de descente à Jersey et autres îles anglaises, datant l'un de 1748 et l'autre de 1756. Ces documents ont été extraits des papiers du marquis de Crenay, maréchal de camp des armées du roi Louis XV. — Cf. Hippeau, ouv. cité, t. II, p. 280-297, pour l'expédition du prince de Nassau et p. 297-374, pour l'expédition Rullecourt contre Jersey. Pour ce dernier point, ajouter Arch. départementales du Calvados, C. 1935-1949.

tants de Jersey, dans l'unique but de décourager les fermiers généraux par ces pillages successifs. Ils ne se bornèrent pas à ces actes : dès avant la déclaration de guerre, le 23 décembre 1755, des fraudeurs en nombre supérieur assaillirent en mer l'équipage de la patache et en massacrèrent la plus grande partie [1].

Pendant la guerre de Sept ans, les Anglais de Jersey vinrent régulièrement brûler du varech et tirer de la pierre dans la Grande Île. Mais comme ils n'y créèrent pas d'établissement à demeure, des journaliers français, carriers et barilleurs, y revinrent après la paix de Paris. Le gouvernement britannique ne fit entendre aucune protestation à ce sujet. Ce ne fut toutefois qu'avec d'infinies précautions que le cabinet de Versailles autorisa la réoccupation des Chausey par des autorités françaises. Le traité de Paris n'en avait pas soufflé mot : le duc d'Harcourt, gouverneur de Normandie, les croyait habitées par des Anglais de Jersey et proposait de les réclamer ouvertement à la Cour de Londres. Le secrétaire d'État des affaires étrangères, Choiseul-Praslin, avant toute démarche, demanda des renseignements à l'intendant de Caen Fontette sur la situation présente de ces îles. Il eut soin de lui marquer que « d'après ses informations, elles étaient fort négligées par nous, et qu'elles étaient devenues pour ainsi dire *neutres* par le fait des deux nations [2] ». Un ministre anglais n'eut pas dit mieux! Mais le subdélégué de Coutances, Mombrière, se hâta d'envoyer à Fontette des renseignements plus exacts et de protester contre cette prétendue neutralité et contre cette abdication, à la légère, de nos droits les plus légitimes. Il demandait en même temps que pour dissiper toute incertitude, la France se pressât de reprendre effectivement possession de l'archipel.

Au lendemain de la paix, un Français que les corsaires de Jersey avaient autrefois obligé à évacuer la Grande Île s'était hasardé à y reconstruire une petite cabane. Ce fut le premier acte de propriété qu'on osait depuis la guerre. Cet homme, qui s'appelait Régnier, avait été capitaine de patache pour les fermiers généraux, puis officier de corsaire : il en avait même commandé un en chef, mais les Anglais le lui avaient enlevé. En 1763, presque ruiné, Régnier

____

[1] Ces faits sont rapportés dans d'assez nombreux documents. Arch. départementales du Calvados, C. 1740, 1741, 1743, 1745, 1796.

[2] Archives départementales du Calvados, C. 1740.

revint s'établir à Chausey : il y brûla du varech et fit de la soude qu'il essaya de vendre comme il l'avait fait jadis à la manufacture de glaces de Tourlaville, près Cherbourg. Mais le directeur des fermes de Coutances voulut assujettir ses produits aux mêmes droits que les soudes étrangères. Régnier se retourna vers les habitants de Jersey, chez lesquels il écoula sa fabrication : il leur acheta du cidre parce que les commis de Granville voulaient lui faire payer à la sortie les droits de détail. Outre son commerce de varechs, Régnier tenait à Chausey un cabaret assez bien achalandé, qui, en avril 1764, hébergeait, si nous en croyons le récit d'un témoin oculaire, l'abbé Nolin, trente-cinq visiteurs, français et anglais. Enfin il tirait quelque peu parti des ressources agricoles de la Grande Île; et il y avait mis un cheval, trois vaches et soixante moutons.

Ce fut sur cet homme que le gouvernement s'appuya pour rétablir peu à peu sans bruit sur l'archipel les droits de la France qu'on croyait à tort périmés. L'intermédiaire fut l'abbé Nolin, chanoine de la cathédrale de Mâcon, membre des Sociétés d'agriculture de Paris et de Caen, récemment fondées. C'était un ami des champs, un ardent physiocrate auquel Delille consacra plusieurs vers dans sa traduction des *Géorgiques*. Il avait obtenu la création de la pépinière du Roule que dirigea après lui Dupetit-Thouars; il avait encouragé des cultures nouvelles dans la généralité de Caen [1]; il avait enfin projeté de mettre en valeur l'archipel des Chausey. Au mois d'avril 1764, sur le rapport de deux paysans de l'Avranchin qui avaient éveillé son attention sur les ressources inutilisées de ces îles, l'abbé Nolin alla les visiter. Sous prétexte de ramasser des coquillages et de faire de l'histoire naturelle, il y séjourna vingt-quatre heures [2].

Ce qui le frappa d'abord, ce fut l'admirable position stratégique de cet archipel, « poste de la première importance, s'il était fortifié, écrivait-il, où les plus gros vaisseaux trouveraient abri, où une escadre entière serait en sûreté sous la protection des batteries ».

Il trouva la Grande Île éminemment propice à l'agriculture. « On pourrait, dit-il, former 3 à 10 arpents de très bonnes prairies naturelles. Il y a beaucoup plus de terrain propre aux artificielles:

<hr>

[1] Archives départementales du Calvados, C. 2501.

[2] Il plaisante dans une lettre à l'intendant Fontette sur le manque de confort de Chausey. « Un chanoine a passé une nuit sans dormir; cela ne s'était peut-être jamais vu! » Archives départementales du Calvados, C. 1741.

le sainfoin y réussirait très bien ainsi que le grand trèfle. Le reste de l'île est propre à produire du blé ou à servir de pâturage aux moutons... On pourrait y nourrir 600 moutons. » C'est surtout la question de l'élevage des moutons qui semble le préoccuper, car il y revient pour y insister longuement à la fin du mémoire qu'il rédigea après son enquête. « L'île de Chausey, écrit-il, est très propre à élever des moutons de la meilleure espèce, pour les répandre ensuite dans les cantons de la généralité de Caen où l'on croira qu'ils réussiront. On serait à portée de tirer de l'Angleterre les espèces qui nous manquent. Nous avons principalement besoin de celle qui donne de la laine longue et fine, car nous avons déjà sur les côtes une espèce de petits moutons dont la laine est courte, mais qui surpasse en finesse la plus belle d'Angleterre, comparaison faite. Cette laine est susceptible d'acquérir encore un plus grand degré de beauté si on avait soin de tenir les bergeries plus proprement et surtout si on faisait parquer les moutons pendant l'été. Cette excellente pratique est malheureusement inconnue dans le pays. Il serait très utile d'y transporter de cette espèce de moutons pour y être élevés de concurrence avec ceux d'Angleterre. On aurait ainsi la pièce de comparaison. Les uns et les autres pourraient y parquer toute l'année sans crainte des loups [1]. »

Si la fertilité naturelle de la Grande Île, l'abondance du varech et du granit faisaient concevoir à l'abbé Nolin de grandes espérances sur l'avenir économique des Chausey, elles n'étaient pas sans faire naître en lui de vives inquiétudes sur le danger imminent de leur occupation par les Anglais. La vue des barques mouillées dans la rade principale, prêtes à faire voile vers Jersey, lui inspira la crainte que les habitants de cette île ne finissent par s'accoutumer à l'idée de la neutralité des Chausey et même par émettre des prétentions plus audacieuses.

Deux faits récents semblaient donner raison à ses appréhensions. Dans l'été de 1763 un des Anglais qui venait ramasser du varech s'était pris de querelle avec quatre de ses camarades. Pour se venger il mit la nuit le feu aux cabanes qu'ils avaient bâties près du rivage et dans lesquelles ils dormaient. Ils se réveillèrent à temps pour s'échapper à travers les flammes et se sauver à demi brûlés. Le juge de Jersey prit connaissance du délit, tandis que ceux de Granville n'ouvrirent aucune information à ce sujet. L'abbé Nolin est indigné de cette ignorance ou de cette indifférence : «Exercer la justice dans un pays, s'écrit-il, n'est-ce pas déjà un acte de propriété ? On ne peut pas dire que la qualité d'étranger commune aux plaignants et au malfaiteur pût le soustraire aux lois du pays où le délit a été commis ! »

Un peu plus tard, en janvier 1764, un bâtiment irlandais échoua au milieu des îles Chausey. Il y aurait même péri sans l'aide de Régnier, qui le sauva et l'amena dans le port où il était encore tout désemparé quand l'abbé Nolin vint visiter la Grande Île. Régnier conseilla au capitaine d'aller faire sa déclaration à l'amirauté, à Granville. Celui-ci s'y refusa, prétendant que les îles Chausey n'étaient plus dans la dépendance de la France. Il persista huit jours dans sa résolution. Ce ne fut qu'en touchant son intérêt personnel qu'on put le faire changer d'avis. On lui insinua que s'il ne se soumettait pas à cette formalité, les assureurs pourraient refuser de payer l'avarie, que tout recours contre eux serait perdu, et que les armateurs blâmeraient sûrement sa conduite. Il se rendit enfin à ces raisons.

«Les Anglais qui viennent à Chausey, dit l'abbé Nolin, la regardent comme une île neutre. Si on laissait subsister les choses comme elles sont, il serait fort à craindre qu'ils ne prétendissent dans la suite à la propriété de cette île. Ils trouveraient dans l'établissement des cabanes des raisons de faire valoir leurs droits prétendus. Ils les ont établis plus d'une fois sur des raisons aussi peu solides. . . . . . Il faut se prémunir contre les entreprises d'une nation fière, notre ennemie naturelle, qui se pique d'imiter les Romains en tout. On sait assez que ceux-ci ne durent pas l'empire du monde à leur bonne foi. »

Ainsi l'abbé Nolin revint des îles Chausey, convaincu qu'il fallait prévenir les Anglais par une occupation en bonne forme, et il se fit l'apôtre de la colonisation de la Grande Île. Usant des excellentes relations qu'il entretenait avec l'intendant de Caen, Fontette, il lui adressa un mémoire détaillé où il demandait une somme de 7 à 8,000 livres environ nécessaire à la reconstruction d'un corps de ferme dans les anciens bâtiments détruits en 1744, et à l'achat d'instruments de labour, de semences, de bétail et surtout de moutons pour l'élevage. Il réclamait en outre trois privilèges pour l'île de Chausey :

1° L'exemption de toute imposition, taille, capitation et accessoires, vingtièmes;

2° L'exemption du droit sur les vins et cidres que les commis aux aides de Granville voulaient exiger;

3° L'exemption du droit que le receveur des traites voulait imposer à la sortie des bestiaux à transporter dans l'île.

Régnier, que l'abbé Nolin avait rencontré à Chausey, lui parut l'homme le plus propre à l'exploiter. Il s'engageait à l'aider de ses conseils et de son expérience agricole avec le plus entier désintéressement.

Bertin, le ministre de la province, à qui Fontette envoya le mémoire de Nolin, ne partagea nullement ses idées sur la colonisation de la Grande Île, mais il fut d'avis qu'il fallait rétablir les bureaux des fermes générales pour renouer le fil de la possession. Nolin eut beau préconiser l'emploi préalable des cultivateurs, évoquer le spectre menaçant de l'Angleterre exigeant la neutralité des Chausey dans toutes les formes, ses efforts furent stériles. En juillet 1764, ordre fut donné de rétablir sans éclat une brigade d'employés de la ferme dans la Grande Île. Il fut convenu que, sous la direction de Nolin, Régnier ferait reconstruire un côté du bâtiment qu'avait élevé l'ingénieur Meynier en 1737; que de temps en temps une patache aborderait à l'île et recevrait l'hospitalité; que peu à peu, les Anglais s'habituant à la voir, elle y ferait de plus longs séjours et qu'enfin elle y résiderait de façon permanente. Voilà de quelles minutieuses précautions le cabinet de Versailles usa pour ménager l'ombre des susceptibilités du gouvernement britannique.

Sur la recommandation de Fontette, Régnier reçut bientôt le brevet de commandant de l'île Chausey, et à ce titre fut chargé de faire la police et d'assurer l'ordre entre les ouvriers et navigateurs présents dans l'île (1764). L'année suivante, sur la demande du duc de Penthièvre, grand-amiral de France, il fut nommé greffier de l'amirauté à Chausey (1765).

En même temps qu'un bâtiment pour Régnier et sa famille, on avait reconstruit une chapelle et on nomma un desservant dans l'île. C'était «un excellent moyen d'y attirer les matelots et la marque la plus authentique du droit de propriété».

Régnier eut la permission d'affermer au profit du roi les différentes îles contiguës à la Grande Île. En 1765, nous voyons qu'il a loué pour un an différents îlots à seize particuliers de Jersey pour y couper et faire sécher les varechs. En 1766, il loue pour 3 ans moyennant le prix de 100 livres, toutes les petites îles à Nicolas Lequesne, habitant de Jersey [1].

Quant à la Grande Île, Régnier l'occupait avec sa famille, ainsi qu'une dizaine d'employés des fermes, sous la conduite d'un capitaine général, et plusieurs équipes d'ouvriers qui tiraient de la pierre pour les travaux des fortifications à Granville. Tout ce monde vivait à la cantine unique que Régnier, commandant de l'île, avait seul droit de tenir. Marin et non agriculteur de profession, manquant de loisirs par suite de ses occupations administratives et surtout commerciales, Régnier ne cultiva point Chausey comme l'avait espéré l'abbé Nolin. Aussi, reprenant son ancien projet, celui-ci demanda-t-il au gouvernement la concession de tout l'archipel, sous un cens de trois livres envers le domaine, dans le but d'y fonder un établissement agricole utile. Régnier vivant, il eut été difficile à un gouvernement qui l'avait reconnu autrefois l'homme nécessaire et qui lui avait octroyé un brevet d'administrateur de revenir sur sa décision et de l'expulser brutalement de Chausey. Mais il mourut le 18 janvier 1772; on avait moins d'obligation envers son fils. Un arrêt du Conseil du 28 juillet 1772 concéda à l'abbé Nolin tout l'archipel « à titre d'accensement et de propriété incommutable à perpétuité », à charge de payer le cens annuel qu'il avait lui-même fixé. Ce ne fut pas sans protestation de la part de Régnier fils, qui se pourvut au Conseil contre le déguerpissement que lui avait ordonné l'abbé Nolin. Celui-ci mourut au cours du procès et avec lui finirent les essais de colonisation méthodique de Chausey (1773). Ses héritiers transigèrent en 1775 et abandonnèrent l'archipel à Régnier moyennant une rente annuelle de 203 livres [2].

Devenu propriétaire, Régnier défricha la Grande Île et la mit en culture. Quand la guerre fut déclarée de nouveau à l'Angleterre en 1778, il repassa sur le continent, à Granville, d'où il se tint d'ailleurs en constantes relations avec son domaine. Le ministre de la marine, Sartines, conçut même à ce moment de forts soupçons sur ses agissements : apprenant qu'il avait des liaisons avec les gens de Jersey, il résolut de le faire arrêter. Mais il fut bientôt convaincu que Régnier était un homme utile précisément à cause

---

[1] Archives départementales du Calvados, C. 1742.

[2] Archives départementales du Calvados, C. 1743.

de ces relations et des confidences parfois précieuses qu'il recevait des Anglais. Quelques ménagements que Régnier gardât avec ceux-ci au début de la guerre, il devint toutefois la victime des corsaires jersiais, toujours acharnés contre Chausey. Le 10 octobre 1778, ils lui enlevaient une gabare chargée de matériaux de construction et prête à faire voile sur Saint-Malo; en 1779, le jour de l'Ascension, ils débarquaient dans la Grande Île et y mettaient le feu. Par coïncidence d'infortunes, le 10 décembre 1778, le commandant du cutter la *Guêpe*, de Saint-Malo, était entré avec son équipage dans Chausey, avait forcé le domicile de Régnier et saisi chez lui quantité de marchandises (laines et tricots) que des femmes de Granville y avaient en dépôt et que cet officier avait soupçonné être de la contrebande de guerre [1]. C'était là un acte de zèle imprudent; car, ainsi que l'écrivait le duc d'Harcourt, le commerce interlope était toléré à Chausey, cette île étant «une avenue à Jersey».

Pour protéger son domaine, Régnier, en 1779, demanda d'être armé en course pour le service du roi : il eût désiré le commandement de la corvette garde-côtes de Granville que son père avait dirigée pendant la dernière guerre, mais il ne l'obtint pas. Il arma alors avec quelques associés un corsaire, la *Sauterelle*, et sortit de Granville le 10 juin 1780. Dumouriez, qui commandait à Cherbourg, lui donna l'ordre d'aller à la découverte et d'observer les flottes ennemies qui semblaient menacer les côtes de France. Il servit avec habileté pendant quatre mois, comme l'atteste un témoignage écrit de Dumouriez; mais il fut pris au large de Portland par un vaisseau de l'escadre anglaise qu'il avait voulu suivre de trop près. Cette même année, un corsaire anglais mouillé à Chausey était attaqué vigoureusement par le capitaine Letourneur sorti de Granville avec deux embarcations, et obligé d'amener son pavillon, grâce à l'héroïsme d'un volontaire de 14 ans, L'Hermite, futur contre-amiral de l'Empire.

A peine de retour en France, Régnier offrit ses services au prince de Luxembourg pour transporter à Jersey le corps expéditionnaire qui, sous le commandement du baron de Rullecourt, devait s'emparer de cette île.

A plusieurs reprises on tenta de reconquérir, au xviiie siècle, les

[1] Voir de nombreux documents sur cette affaire aux Archives départementales du Calvados, C. 1744.

îles anglo-normandes. Dumouriez qui dirigea la défense du Cotentin pendant les onze années qui précèdent la Révolution (1778-1789) y engageait le gouvernement de Louis XVI. Il montrait le danger permanent qui menaçait la France tant que ces îles, à portée de la Normandie et de la Bretagne, resteraient au pouvoir de l'Angleterre et les avantages que procuraient à cette dernière l'activité de la contrebande et la priorité du « corsairage » imprévu. Parmi les nombreux projets de conquête de Jersey que la guerre de l'indépendance américaine inspira, deux reçurent un commencement d'exécution : l'expédition du prince de Nassau et celle du baron de Rullecourt. Cette dernière seule a rapport avec notre sujet, parce que Chausey fut le point de départ de la flottille qui débarqua près de Saint-Hélier les volontaires du régiment de Luxembourg.

Les documents historiques d'après lesquels on peut en retracer l'histoire sont : le journal de Régnier, qui s'intitule capitaine de navire, et qui s'était engagé à transporter le corps de l'expédition de Granville à Jersey ; le rapport adressé au duc d'Harcourt par M. de la Rozière, commandant d'un corps de 1,000 hommes destinés à secourir les volontaires de Rullecourt, si ceux-ci avaient pu se maintenir plus longtemps à Jersey ; enfin celui d'un chirurgien français, Fuel, venant de Plymouth et y ayant conversé avec des officiers français de l'expédition, emmenés captifs en Angleterre. Ces divers documents ont été publiés, d'après les archives du château d'Harcourt, par Hippeau, au tome II de son ouvrage déjà cité [1]. Les archives départementales du Calvados contiennent aussi 15 liasses et 172 pièces sur cet objet [2].

L'expédition de Rullecourt fut très maladroitement concertée. Le corps qu'il commandait avec le titre de lieutenant-colonel comprenait environ 1,500 hommes, dont 800 appartenant à la milice de Paris et 700 au régiment de Luxembourg. Ces « Volontaires de Luxembourg » comme on les appela, étaient très mal recrutés. « Ce corps est composé, ainsi que l'écrit le marquis de Lambert au duc d'Harcourt, comme toutes les troupes de cette espèce, des brigands qu'on a pu ramasser. L'opinion générale est que M. de Rullecourt sera pris par les Anglais » [3]. Dumouriez est tout aussi pessimiste : « La

<hr>

[1] Hippeau, ouvrage cité, II, p. 327-399.
[2] Archives départementales du Calvados, C. 1935 à 1949.
[3] Hippeau, ouvrage cité, II, p. 305.

nouvelle tentative qu'on projette sur Jersey est encore plus imprudente que celle du prince de Nassau; j'en augure très mal, écritil le 20 décembre 1780 [1]. » Une partie des volontaires avait été réunie au Havre; on les expédia de là sur Granville, en leur faisant traverser la Normandie. Le long des routes ils se montrèrent pillards « tuant et prenant dindes, canards, volailles, jambons, andouilles ». Ils refusèrent de payer le prix de la convention fixée pour les chevaux de monture et de trait, et n'en acquittèrent que le quart. A Vire, à Villedieu, partout on eut à se plaindre d'eux [2]. A la fin de décembre 1780, ils étaient arrivés à Granville.

Leur chef, le baron de Rullecourt, avait alors 36 ans. Major de cavalerie, ancien colonel d'une légion au service de la Pologne, audacieux jusqu'à la témérité, il avait conçu le dessein de débarquer à Jersey pendant les fêtes du Christmas, que les Anglais célèbrent chaque année par de plantureux repas. Il espérait profiter du désarroi général pour surprendre l'île.

Le prince de Luxembourg, bailleur de fonds de l'expédition, s'était adressé à Régnier et lui avait promis 300,000 livres si sa troupe descendait dans un endroit non surveillé. Partie de Granville le 28 décembre 1780, la flottille française fut obligée par le mauvais temps d'aller mouiller à Cancale, puis aux îles Chausey, où elle demeura du 31 décembre 1780 au 5 janvier 1781. Retenu par des vents contraires, décidé à attendre la pleine lune du 10 janvier et les fortes marées, Rullecourt proposa à Régnier de lui céder la propriété des îles Chausey. Il projetait d'y faire construire trois forts, l'un sur la tour à la place de l'ancien, l'autre sur le rocher de Bretagne, le troisième sur le Grosmont. Régnier signa un acte double de cession et reçut aussitôt du nouveau propriétaire de Chausey l'ordre d'appareiller pour Granville et d'en ramener brouettes et outils pour la construction des forts. Parti le 4 janvier au soir, Régnier revint à la hâte le 5 janvier, la flottille n'était plus à Chausey. Au lieu d'attendre la pleine lune, Rullecourt avait voulu profiter des vents du Sud qui venaient de s'élever et il avait quitté l'archipel, pour voguer vers Jersey. Il y mit pied à terre dans la nuit du 5 au 6 janvier, nuit fort obscure, à l'endroit le plus dange-

[1] Hippeau, ouvrage cité, II, p. 303.
[2] Archives départementales du Calvados, C. 1935.

reux, où les pilotes du pays, selon la déclaration de Régnier, tremblaient d'aborder même en plein jour [1].

On sait le reste de l'expédition : la marche sur Saint-Hélier sans rencontrer personne ; le gouverneur surpris ; la capitulation signée ; l'île proclamée française et Rullecourt montrant une commission du roi qui le nommait « général et gouverneur de Jersey ». Là s'arrêtèrent les succès. Rullecourt avait eu le tort de former une arrière-garde composée d'environ 300 hommes et de son artillerie. Cette troupe, commandée par le major d'Herville, déclara n'avoir pu débarquer et se retira dans les îles Chausey. Rullecourt commit aussi l'imprudence de rester dans la ville avec trop peu de troupes, au lieu de s'emparer d'une éminence qui la commande et où on n'eût pu dénombrer ses forces. Rassurées à la vue du petit nombre des Français, les milices de l'île se rassemblèrent et sous les ordres du major Francis Pierson engagèrent la bataille. Rullecourt et Pierson tombèrent tous deux frappés à mort. Les volontaires du Luxembourg furent emmenés prisonniers en Angleterre ; ils y restèrent plus d'un an, dans une dure captivité ; on les voit revenir 250 à Bayeux, le 11 août 1782 « sans chemise, pieds nus, n'ayant que des mouchoirs tout déchirés pour se couvrir la tête [2] ». L'infortuné baron de Rullecourt avait été inhumé dans le cimetière de Saint-Hélier. Une longue inscription fut gravée sur son monument ; on peut y relever ces lignes :

« Cette pyramide est moins le monument d'un ennemi qu'elle n'est, ô Jersiais ! un avertissement pour vous et pour vos enfants de donner à l'avenir plus d'attention à votre sûreté ! [3] ».

Après la mort de Rullecourt, Régnier était redevenu propriétaire des Chausey. Il n'y rentra cependant qu'après le traité de Versailles en 1783. Il eut à se défier des coups de main des corsaires de Jersey, qui venaient souvent à Chausey dans l'intention de s'emparer de lui et de lui faire un mauvais parti. En effet les plans, avis et correspondance qu'il avait adressés à Rullecourt avaient été portés à Jersey et étaient tombés entre les mains des Anglais qui en conçurent une vive indignation contre lui.

---

[1] Voir la requête de Régnier au marquis de Castries dans Hippeau, ouvrage cité, II, p. 365-399.

[2] Archives départementales du Calvados, C. 1939.

[3] Cité par Hippeau, II, p. 190.

Résolu à les chasser de son domaine, Régnier arma pour son compte un petit corsaire de dix-huit hommes d'équipage, l'*Hirondelle*, qui fut pris après un mois de navigation. Plus tard, par un hardi stratagème, il fit prisonniers un capitaine de lougre et cinq hommes qui avaient imprudemment débarqué dans la Grande Île pendant une partie de chasse qu'y faisait Régnier avec quelques Granvillais de ses amis. Enfin, grâce aux relations qu'il entretenait avec un habitant des Ecrehou, rochers voisins de Jersey, il put fournir au Gouvernement des renseignements sur les noms des vaisseaux de guerre anglais en commission, le nombre et la force de leurs canons et de leurs équipages, avec les noms des généraux, capitaines et officiers qui les commandaient; en un mot sur tout ce qui avait trait aux armements.

En 1782, Régnier envoya au marquis de Castries, secrétaire d'État de la marine, une requête réclamant le remboursement de tous les frais que son père et lui avaient faits depuis quarante ans pour le service de l'État, soit la somme d'environ 40,000 livres. Il n'en fut jamais remboursé, mais pour l'indemniser de ces avances, Castries lui envoya le brevet de lieutenant de frégate. Pendant la Révolution, il devait être élu le 6 août 1793, commandant du bataillon de Granville. Le 1er floréal an II, il était général de brigade; il mourut en 1802 [1].

Au lendemain de la paix avec l'Angleterre, en 1783, Régnier était venu rétablir sa ferme et sa cantine aux Chausey. Un rapport du subdélégué de Coutances, Couraye-Duparc, daté du 8 août 1784, est le dernier document de quelque importance que nous possédions sur cet archipel avant la Révolution [2]. « La Grande Île, y est-il écrit, contient plus de 30 arpents ou 75 vergées de terre, dont 10 arpents ou 25 vergées sont formés de haies et fossés et de nature de prairies. Le jardin de Régnier est entouré de murs et contient 3 dixièmes d'arpent. Le surplus a été cultivé par lui, il a ensemencé 30 vergées en blé. L'an dernier, son île étant en pâturage a porté 22 vaches, 4 chevaux et 150 moutons. » Quant à la population

[1] Hippeau, ouvrage cité, II, p. 373, note 1. Un de ses neveux, Louis-Jean-Michel Régnier, né en 1771, mourut général à 26 ans, le 13 janvier 1797, à la suite de l'expédition de Hoche en Irlande.

[2] Archives départementales du Calvados, C. 1745.

de la Grande Île à cette date, elle comprenait d'après le même rapport :

1° Famille du sieur Régnier, concessionnaire avec ses enfants et domestiques . . . . 12 habitants.
2° Ouvriers employés à faire de la soude du 1er avril au 1er septembre. 40
3° Ouvriers employés à tirer de la pierre pour les travaux du roi à Granville et à Saint-Malo 20

Total. . . . . 72 habitants.

Il faudrait y joindre la population flottante des pêcheurs, en nombre parfois considérable, car Couraye-Duparc en compta quarante le 10 juillet 1784.

Ajoutons-y aussi un chapelain qui, en temps de paix, desservait régulièrement la Grande Île, et qui parfois même y était établi à demeure. Il était alors logé et nourri gratuitement par le concessionnaire et devait en outre recevoir de l'État des honoraires s'élevant à 500 livres.

En somme, à la veille de la Révolution, la situation des Chausey était assez florissante. Les guerres maritimes qui allaient bientôt recommencer, les courses continuelles des Jersiais allaient la dépeupler à nouveau. La veuve d'un marin, connue sous le nom de la « mère Lebuffe », habita seule la Grande Île, demeurant dans les bâtiments de la ferme, pour faire vivre les contrebandiers et corsaires qui venaient y mouiller[1]. Elle laissa les lapins et les rats se disputer la possession de l'archipel. Après les traités de 1815, les Français y revinrent et firent la chasse aux rongeurs qui le dévastaient. Depuis cette époque, une série de ventes a fait passer l'archipel des Chausey entre les mains de plusieurs propriétaires successifs. L'Angleterre, sous le règne de Louis-Philippe, les revendiqua vainement : notre droit de propriété était légitimement fondé. L'histoire de ces îles au xviiie siècle, que nous venons d'exposer, l'a surabondamment démontré.

En 1866, l'État expropria une quinzaine d'hectares et y fit construire un fort. Un phare et un sémaphore y sont également élevés ; mais depuis plusieurs années, le fort n'a plus d'utilité et il a été déclassé[2].

[1] De Quatrefages, *Revue des Deux-Mondes*, 1er mai 1842.
[2] Cf. p. 7 de notre mémoire.

En résumé l'histoire des îles Chausey est fort peu connue avant le xviiie siècle, et les documents qui permettraient de la reconstituer sont extrêmement rares; au xixe siècle, elle est à peu près dépourvue d'intérêt, car elle se confondrait avec l'histoire d'une propriété privée. C'est au xviiie qu'elle a été le plus mouvementée, par suite des guerres de l'Angleterre et de la France; c'est à cette époque que nos rois, dans un intérêt fiscal et stratégique, cherchèrent à s'assurer la possession d'une île bien placée pour empêcher la contrebande et fertile en matériaux de construction pour assurer la défense du Cotentin.

Nous avons cru enfin que cette histoire méritait d'être connue, parce qu'elle mettait en relief la légitimité et la solidité de nos droits, désormais incontestables, sur l'archipel des Chausey.

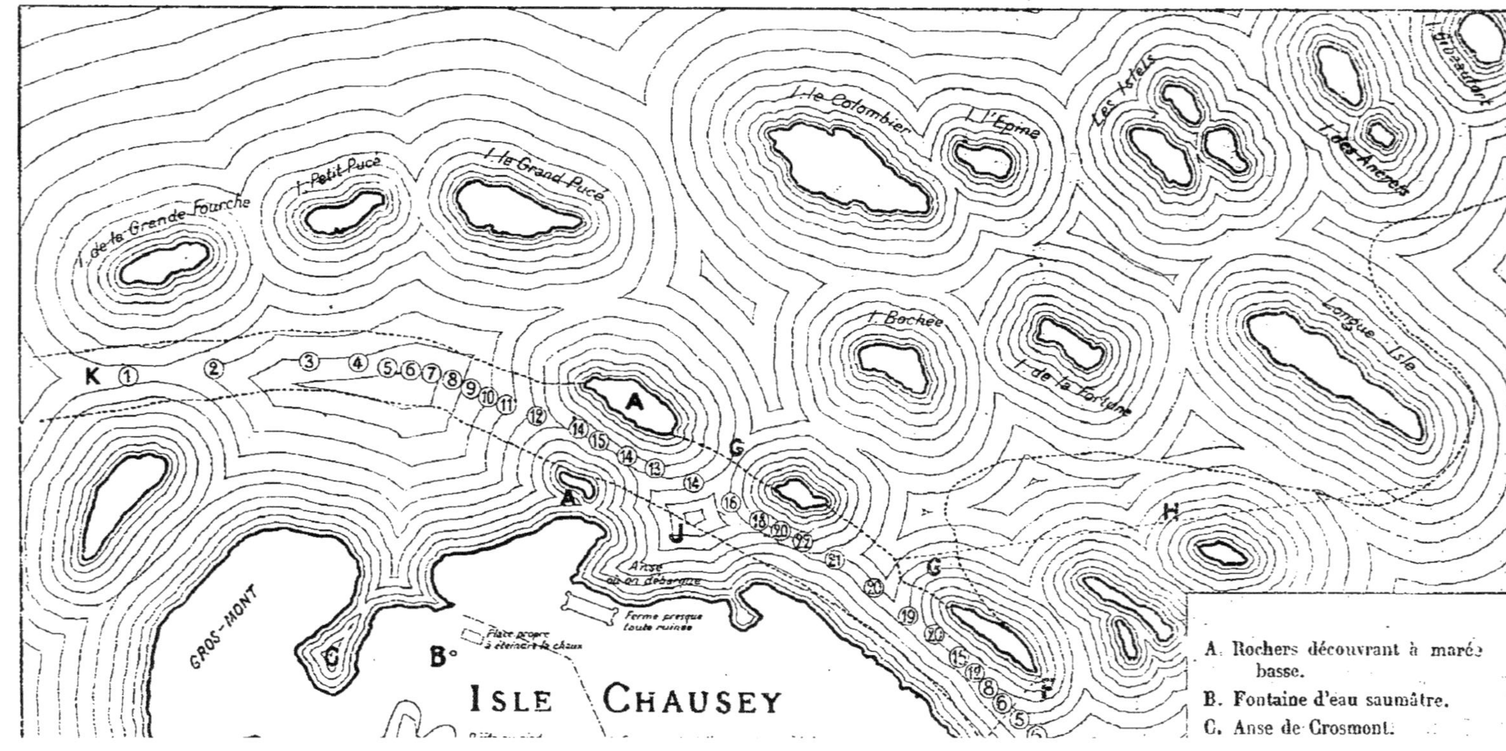
ISLE CHAUSEY
GROS-MONT
B°
C
I. de la Grende Fourche
I. Petit Pucé
I. le Grand Pucé
I. le Colombier
L'Épine
Les Ardets
I. des Ancres
I. Bochée
I. de la Fortune
Longue Isle
l'Oiseaudent
K
A
A
G
J
G
H
Anse où on débarque
Place propre à éteindre la chaux
Ferme presque toute ruinée
A. Rochers découvrant à marée basse.
B. Fontaine d'eau saumâtre.
C. Anse de Crosmont.